AF370100

REGLEMENT

DES APPOINTEMENS

DES OFFICIERS

A LA MER,

ET

SOLDE DES EQUIPAGES,

TIRÉ

DE l'Ordonnance du 15 Avril 1689, concernant les Armées Navales & Arcenaux de Marine.

A PARIS,

Chez PIERRE PRAULT pere, Quay de Gêvres, au Paradis.

M. DCC. LIX.

AVEC PRIVILEGE DU ROY.

VAISSEAUX.

OFFICIERS & Equipage.	I. RANG. 800 hommes	700.	600.	II. RANG. 500.	450.	400.
Capitaine	1. 300. l.	1. 300	1. 300	1. 300	1. 300	1. 300
Capitaine en second	1. 300	1. 300	1. 200	1. 200	1. 200	1. 200
Lieutenant	1. 100	1. 100	1. 100	1. 100	1. 100	1. 100
Lieutenant en second	1. 100	1. 100	1. 100	1. 100	1. 100	1. 100
Enseigne	1. 50	1. 50	1. 50	1. 50	1. 50	1. 50
Enseigne en second	1. 50	1. 50	1. 50	1. 50	1. 50	1. 50
Aumônier	1. 30	1. 30	1. 30	1. 30	1. 30	1. 30
Chirurgien	1. 75	1. 75	1. 75	1. 60	1. 60	1. 60
Ecrivain	1. 50	1. 50	1. 50	1. 50	1. 50	1. 50
OFFICIERS Mariniers.	112.	109.	99.	84.	81.	79.
Maiſtre	1. 50	1. 50	1. 50	1. 50	1. 50	1. 50
Second Maiſtre	1. 45	1. 45	1. 45	1. 40	1. 40	1. 40
Premier Pilote	1. 50	1. 50	1. 50	1. 45	1. 45	1. 45
Second Pilote	1. 40	1. 40	1. 40	1. 36	1. 36	1. 36
Aydes - Pilotes	4. à 30. 120	4. 120	4. 120	2. 60	2. 60	2. 60
Contre - Maiſtre	2. à 30. 60	2. 60	1. 60	2. 60	2. 60	2. 60
Me. Cannonier	1. 50	1. 50	1. 50	1. 45	1. 45	1. 45
Second Canonnier	1. 36	1. 36	1. 36	1. 30	1. 30	1. 30
Canonniers	50.	47.	40.	32.	29.	26.
Sçavoir {	15. à 21. 315	14. 294	12. 252	12. 252	8. 168	6. 126
Sçavoir {	15. à 18 270	14. 252	12. 216	12. 216	11. 198	10. 180
Sçavoir {	20. à 16. 320	19. 304	16. 256	8. 128	10. 160	10. 160
Me. Charpentier	1. 40	1. 40	1. 40	1. 36	1. 36	1. 36
Second Charpentier	1. 30	1. 30	1. 30	1. 24	1. 24	1. 24
Compagnons Charpentiers	5. à 15. 75	5. 75	4. 60	3. 45	3. 45	3. 45
Maiſtre Calfat	1. 30	1. 30	1. 30	1. 24	1. 24	1. 24
Boſſeman	2. à 24. 48	2. 48	2. 48	2. 48	2. 48	2. 48
Quartiers - Maiſtres	8. à 21 168	8. 168	6. 126	6. 126	6. 126	6. 126
Me. de Chaloupe	2. à 24. 48	2. 48	2. 48	2. à 21. 42	2. 42	2. 42
Me. de Canot	1. 21	1. 21	1. 21			
Maiſtre Voilier	1. 30	1. 30	1. 30	1. 24	1. 24	1. 24
de-Voilier	1. 15	1. 15	1. 15	1. 12	1. 12	1. 12

VAISSEAUX.

OFFICIERS & Equipage.	I. RANG.			II. RANG.		
	800 hommes	700.	600.	500.	450.	400.
Me Armurier	1. 24	1. 24	1. 24	1. 21	1. 2	1. 21
Ayde-Armurier	1. 15	1. 15	1. 15	1. 12	1. 1.	1. 1.
Capitaine d'armes	1. 25	1. 25	1. 25	1. 25	1. 25	1. 25
Second Chirurgien	1. 30	1. 30	1. 30	1. 24	1. 24	1. 24
Apothicaire	1. 24	1. 24	1. 24	1. 18	1. 18	1. 18
Aydes - Chirurgiens	2. à 18. 36	2. 36	2. 36	1. 15	1. 15	1. 15
Officiers du Munitionnaire	8. à 16. 128	8. 128	8. 128	6. 96	6. 96	6. 96
Valets du Capitaine	12. à 9. 108	12. 108	12. 108	12. 108	12. 108	12. 108
Matelots	436.	361.	304.	276.	232.	201.
Sçavoir {	218 à 15. 3270	181. 2715	152. 2280	138. 2070	116. 1740	101. 1515
	218 à 12. 2616	181. 2160	152. 1824	138 1656	116. 1392	101. 1212
Soldats	252.	230.	197.	140.	137.	119.
Sçavoir						
Sergens	7. à 15. 105	6. 90	6. 90	4. 60	4. 60	. 60
Caporaux	14 à 10. 1ro. f. 147	12. 126	12. 12	8. 84	8. 84	8. 84
Lansepessades	14. à 9. 126	12. 108	12. 108	8. 72	8. 72	8. 72
Soldats	217 à 7. 1tof 1627. 10	200. 1500	167. 1252. 10	120. 900	117. 877. 10	9. 742. 10
Médicamens	200	175	150	125	112. 10	100
Table du Capitaine	360	360	360	360	360	360
Nombre des hommes	800.	700	600	500	450	400.
Total pour un mois	11757. 10.	10485.	9158. 10	7929.	7230.	6617. 10.

OFFICIERS & Equipage.	III. RANG.		IV. RANG.		V. RANG.	
	350. hommes	300.	250.	200.	150.	120.
Capitaine	1. 300	1. 300	1. 300	1. 300	1. 300	1. 300
Lieutenant	1. 100	1. 100	1. 10.	1. 100	1. 100	1. 100
Enseigne	1. 50	1. 50	1. 50	1. 50	1. 50	1. 50
Enseigne en second	1. 50	1. 50				
Aumônier	1. 30	1. 30	1. 30	1. 30	1. 30	1. 30

VAISSEAUX.

OFFICIERS & Equipage.	III. RANG.				IV. RANC.				V. RANG.			
	350 hommes		300.		250.		200.		150.		120.	
Chirurgien.....	1.	50	1.	50	1.	50	1.	50	1.	50	1.	50
Ecrivain.......	1.	50	1.	50	1.	45	1.	45	1.	45	1.	45
OFFICIERS Mariniers.	67.		64.		47.		44.		35.		33.	
Maiftre........	1.	40	1.	40	1.	40	1.	40	1.	40	1.	40
Second Maiftre.	1,	36	1	30								
Premier Pilote.	1.	40	1.	40	1.	40	1.	40	1.	36	1.	36
Second Pilote.	1.	30	1.	30	2.	60	2.	60	1.	30	1.	30
Aydes-Pilotes..	1.	30	1.	30								
Contre-Maiftre.	2.	60	2.	60	1.	30	1.	30	1.	27	1.	27
M.. Cannonier..	1.	40	1.	40	1.	40	1.	40	1.	36	1.	36
Second Cannonier.	1.	30	1.	30								
Cannoniers.....	24.		21.		12.		9.		8.		6.	
Sçavoir { 8. à 21.	168.		7.	147	4.	84	3.	63	4.	84	3.	63
8. à 18.	144.		7.	126	4.	72	3.	54	4.	72	3.	54
8. à 16.	128.		7.	112	4.	64	3.	48				
Me. Charpentier	1.	36	1.	36	1.	36	1.	36	1.	36	1.	36
Second Charpentier.	1.	24	1.	24								
Compagnons Charpentier.	2.	30	2.	30	3.	45	3.	45	2. à 18.	36	2.	36
Maiftre Calfat..	1.	24	1.	24	1.	18	1.	18				
Boffeman......	2.	48	2.	48	1.	24	1.	24	1.	24	1.	24
Quartiers-Maiftres	4.	84	4.	84	4.	84	4.	84	2.	42	2.	42
Me. de Chaloupe	2.	42	2.	42	1.	21	1.	21	1.	21	1.	21
Me. de Canot..					1.	18	1.	18				
Maiftre Voilier.	1.	24	1.	24	1.	21	1.	21	1.	21	1.	21
M. Armurier..	1.	21	1.	21	1.	18	1.	18	1.	18	1.	18
Capitaine d'armes.	1.	25	1.	25	1.	25	1.	25				
Apothicaire....	1.	18	1.	18								
Aydes-Chirurgiens.	2. à 15.	30.	2.	30	2.	30	2.	30	1.	15	1.	15
Officiers du Munitionnaire.	6. à 16.	96.	6.	96	4.	64	4.	64	4.	64	4.	64
Valets du Capitaine.	9. à 9.	81.	9.	81	8.	72	8.	72	8.	72	8.	72
Matelots.....	180.		161.		135.		96.		78.		60.	

V A I S S E A U X.

OFFICIERS & Equipage.	III. RANG.		IV. RANG.		V. RANG.	
	350 hommes	300.	250.	200.	150.	120.
Sçavoir ... {	95.à15.1425.	81. 1215	68. 1030	48. 720	39. 585	30. 450
	94.à12.1128.	80. 960	67. 804	48. 576	39. 468	30. 360
Soldats.......	94.	75.	68.	60.	37.	27.
Sçavoir						
Sergens........	3. à 15. 45	3. 45	2. 30	2. 30	2. 30	2. 30
Caporaux......	6.à10l.10f63	6. 63	4. 42	4. 42	2.3 1.l.10.f.	3.3 1.l.10f.
Lanspessades ...	6. à 9. 54	6. 54	4. 36	4. 36	3. 27.	3. 27
Soldats.......	79 à 71.1.f.592.10	6. 450	58. 435	50. 375	29.2 17.10.f.	19.142.10.f.
Médicamens....	87. 10.	75.	62. 10.	50	37. 10.	30
Table du Capitaine.......	300.	300	260	260	260	260
Nombre des hommes.....	350.	300	250.	200	150.	120
Total pour un mois.......	5654. l.	5066. l.	4180.l.10f.	3517. l.	2900.l.10f.	2536. l.

OFFICIERS & Equipage.	FREGATES legeres.		GALIOTES à Bombes.		BRULOTS.	
	50. hommes		36.		30.	
Capitaine.......	1.	200	1.	200	1.	150
Lieutenant.....	1.	75	1.	100		
Enseigne......			1.	50		
Aumônier......	1.	30				
Chirurgien	1.	40	1.	4	1.	30
Secretaire	1.	36	1.	30		
OFFICIERS Mariniers.	16.		14.		10.	
Maître........	1.	36	1.	30	1.	36
Premier Pilote..	1.	30	1.	30	1.	30
Ayde Pilote ...	1.	24			1.	24
Contre-Maistre..	1.	24	1.	24	1.	24
M. Cannonier..	1.	30	1.	30	1.	24
Cannoniers......	2.	36				
Maistre Charpentier......	1.	30	1.	30	1.	30
Compagnon Charpentier ..	1.	15	1.	15		
Bosseman.......	1.	21	1.	21	1.	2

OFFICIERS & Equipage.	FREGATES legeres.		GALIOTES à bombes.		BRULOTS.	
	50. hommes.		36.		30.	
Quartier - Maître.........	1.	21	1.	21		
Me. de Chaloupe	1.	18	1.	18	1.	24
Valets du Capitaine.......	4.	36	5.	45	2.	18
Matelots......	19.		22.		19.	
Sçavoir ... { 10. à 15.		150	11.	165	15.	225
{ 9. à 12.		108	11.	132	4.	48
Soldats........	15.					
Sçavoir.....						
Sergent........	1.	15				
Caporal.......	1.	10				
Lansepessade ...	1.	9				
Soldats....... 12. à 7. l. 10. s.		90				
Médicamens....		12		9		7. 10. s.
Table du Capitaine.......		100		150		60
Nombre des hommes.....	50.		36		30	
Total pour un mois........	1196. l. 10. s.		1152. l.		766. l. 10. s.	

FLUTES.

OFFICIERS & Equipage.	de 5. à 600. tonneaux.		de 4. à 500. tonneaux.		de 3. à 400. tonneaux.		de 100 à 300. tonneaux.	
	Voyage de long cours.	Voyage ordinaire	Voyage de long cours	Voyage ordinaire	Voyage de long cours	Voyage ordinaire	Voyage de long cours	Voyage ordinaire
	60 hommes.	40.	45.	35.	35.	28.	28.	20.
Capitaine.... { Appointemens & table... {	1. 150	1. 150	1. 150	1. 150	1. 150	1. 150	1. 150	1. 150
Lieutenant.....	1. 75	1. 75						
Aumônier......	1. 30	1. 30						
Chirurgien.....	1. 40	1. 36	1. 36	1. 24	1. 24	1. 24	1. 24	1. 24
Ecrivain........	1. 36							

FLUTES.

OFFICIERS & Equipage.	de 5. à 600. tonneaux.		de 4, à 500. tonneaux.		de 3. à 400. tonneaux.		de 100. à 300 tonneaux	
	Voyage de long cours.	Voyage ordinaire.	Voyage de long cours.	Voyage ordinaire.	Voyage de long cours.	Voyage ordinaire	Voyage de long cours.	Voyage ordinaire
	60 hommes.	40.	45.	35.	35.	28.	28.	20.
OFFICIERS Mariniers.	12.	10.	11.	9.	9.	9.	9.	7.
Maiſtre	1. 36	1. 36	1. 36	1. 36	1. 36	1. 36	1. 36	1. 36
Premier Pilote	1. 30	1. 30	1. 30	1. 30	1. 30	1. 30	1. 30	1. 30
Ayde-Pilote	1. 24	—	1. 24	—	—	—	—	—
Contre-Maiſtre	1. 24	1. 24	1. 24	1. 24	1. 24	1. 24	1. 24	—
M^e. Cannonier	1. 30	1. 24	1. 24	1. 24	1. 24	1. 24	1. 24	1. 24
Charpentier	1. 30	1. 30	1. 30	1. 30	1. 30	1. 30	1. 30	1. 30
Calfat	1. 18	1. 18	1. 18	—	—	—	—	—
Compagnon Charpentier	1. 15	—	—	—	—	—	—	—
M^e. de Chaloupe	1. 18	1. 18	1. 18	1. 18	1. 18	1. 18	1. 18	—
Valets du Capitaine	3. 27	3. 27	3. 27	3. 27	3. 37	3. 27	3. 27	3. 27
Matelots	48.	30.	34.	26.	26.	19.	19.	13.
Sçavoir 22. à 15.	330	12. 210	16. 240	12. 180	12. 180	10. 150	10. 150	5. 75
22. à 12.	264	13. 156	15. 180	10. 132	11. 132	6. 72	6. 72	5. 60
4. à 10.	40	3. 30	3. 30	3. 30	3. 30	3. 30	3. 30	3. 30
Médicamens	15	10	11. 5	8. 15	8. 15	7. l. 16	7. l. 16. ſ.	5. l.
Nombre des hommes	60	40	45	35.	35.	28.	28.	20.
Total pour un mois	1232. l.	799. l.	983. l. 15. ſ.	713. l. 15.	713. 15. ſ.	621 l. 16 ſ.	621. l. 16 ſ.	491. l.

REGLEMENT CONTENANT LA QUANTITE' DE
munitions, agrés, apparaux & uſtenciles dont les Vaiſſeaux de chaque rang ſeront armés & équipés à l'avenir.

	I. Rang.	II. Rang.	III. Rang.	IV. Rang.	V. Rang.	Flutes.	Brulots.
LE CORPS DU vaiſſeau du Port de...	1600. à 2200 tonneaux.	13. à 1500. tonneaux.	8. à 1200. tonneaux.	5. à 700. tonneaux.	?. à 400. tonneaux.	250. à 600. tonneaux.	200. à 250. tonneaux.
on gouvernail, barre & manuelle.......	idem.	idem.	idem.	idem.	idem.	idem.	idem.
Le bâton d'enſeigne de poupe avec ſa pomme dorée......	idem.	idem.	idem.	idem.	idem.	idem.	idem.
Le bâton d'enſeigne de beaupré avec ſa pomme dorée......	idem.	idem.	idem.	idem.	idem.	idem.	idem.
Fanaux ſur l'arriere...	3.	3.	1.	1.	1.	1.	1.
Fanaux dans la grande hune...........	1.	1.					
La dunette fermant à clef............	idem.	idem.	idem.	idem.			
La chambre de poupe, & quatre petites chambres fermant à clef.....	5.						
La Chambre du Conſeil, fermant à clef, & les fenêtres vitrées...........	idem.	idem.	idem.	idem.			
Chambres y joignant fermant idem &c...	4.	2.	2.	2.			
Cabanes fermant à clef, ou targettes........	4.	4.	4.	2.	2.	2.	4.
La grande chambre fermant à clef, & les fenêtres vitrées....	idem.	idem.	idem.	idem.	idem.	idem.	idem.
Caiſſons ſur l'arriere fermant à clef.....	6.	6.	6.	5.	4.	4.	4.
Les galleries fermant à clef...........	idem.	idem.	idem.	idem.			
Habitacles........	2.	2.	2.	2.	2.	1.	1.
Offices fermant à clef..........	8.	6.	5.	3.	2.	1.	1

ORDONNANCE

	I. Rang.	II. Rang.	III. Rang.	IV. Rang.	V. Rang.	Flutes.	Brulots.
Cuiſines avec leurs barres & traverſins.	3.	3.	2.	2.	2.	1.	1.
Fours & leurs portes de cuivre.	1.	1.	1.	1.	1.		
La ſainte Barbe fermant à clef.	idem.	idem.	idem.	idem.	idem.	idem.	idem.
Cabeſtans garnis…	1. double. 1. ſimple. avec 12. barres.	1. double. 1. ſimple. avec 12. barres.	1. double. 1. ſimple. avec 12. barres.	1. double. 1. ſimple. avec 12. barres.	1. ſimple. avec 6. barres.	1. ſimple. avec 5. barres.	1. ſimple. avec 5. barres.
Pompes garnies.	6.	6.	5.	5.	4.	3.	3.
Le ſep de grands driſſes garni de rouets.	4. de fonte.	4. de fonte.	4. de fonte.	3. de fonte.	3. de fonte.	3. de bois.	3. de bois.
Poulies garnies de rouets pour la driſſe de mizaine.	7. avec leurs rouets de fonte.	7. de fonte.	7. de fonte.	7. de fonte.	7. de fonte.	5. de bois.	5. de bois.
Poulies pour le retour de la driſſe de l'artimon avec ſon rouet.	1. de fonte.	1. de fonte.	1. de fonte.	1. de bois.	idem.	idem.	idem.
Les ſeps d'eſcoutes du grand hunier garnis de rouets.	4. de fonte.	4. de fonte.	4. de fonte.	2 de fonte. 2. de bois.	2. de fonte.	2. de bois.	2. de bois.
Le ſep ou poulie pour le retour de la driſſe du grand hunier avec ſon rouet.	1. de fonte.	1. de fonte.	1. de fonte.	1. de bois.	1. de bois	1. de bois.	1. de bois.
Les ſeps d'eſcoutes du petit hunier garnis de rouets.	4. de fonte.	4. de fonte.	4. de fonte.	2 de fonte. . 2. de bois.	2. de fonte.	2. de bois.	2. de bois.
Le ſep, ou poulie pour le retour de la driſſe du petit hunier avec ſon rouet.	1. de fonte.	1. de fonte.	1. de fonte.	1. de bois.	1. de bois	1. de bois.	1. de bois.
Rouets aux côtés du vaiſſeau pour les eſcoutes de grande voile de mizaine & de civadiere.	4. de fonte. 2. de bois.	4. de fonte. 2. de bois.	4. de fonte. 2. de bois.	6. de bois.	6. de bois	6. de bois.	6. de bois.
Les boiſſoirs d'ancres garnis de rouets.	4. de fonte.	4. de fonte.	4. de fonte.	4. de fonte.	4. de fonte	4. de bois.	4. de bois
MÂTURE							
Le maſt d'artimon,							

	I. Rang.	II. Rang.	III. Rang.	IV Rang.	V. Rang.	Flutes.	Brûlots.
avec sa hune, barres & chuquet...	idem.	idem.	idem.	idem.	idem. sans hune.	idem. sans hune.	idem. sans hune.
Aubans de chaque côté..............	5. idem.	5. idem.	5. idem.	4. idem.	4. idem.	3. idem.	3. idem.
L'estay & ses poulies.	idem.	idem.	idem.	idem.	idem.	idem.	idem.
La vergue avec son racage & poulies...	idem.	idem.	idem.	idem.	idem.	idem.	idem.
La vergue de fougue.	idem.	idem.	idem.	idem.	idem.	idem.	idem.
Le mast de perroquet de fougue, avec ses barres & chuquet...	idem.	idem.	idem.	idem.	idem.	idem.	idem.
La vergue & racage.	idem.	idem.	idem.	idem.	idem.	idem.	idem.
La vergue de girouëte de fer, avec sa pomme de bois doré..............	idem.	Idem.	idem.	idem.	idem.	idem.	idem.
Le grand mast avec sa hune, barres & chuquet.........	idem.	idem.	idem.	idem.	idem.	idem.	idem.
Aubans de chaque côté...............	9. idem.	9. idem.	8. idem.	7. idem.	6. idem.	6. idem.	6. idem.
La vergue avec son racage, poulies & cercles de boute-hors...........	idem.	idem.	idem.	idem.	idem.	idem.	idem.
Pandours & leurs poulies............	4.	4.	4.	4.	4.	2.	2.
La poulie de grande drisse, garnie de rouets............	4. de fonte.	3. de fonte.	3. de fonte.	3. de fonte.	3. de fonte.	3. de bois.	3. de bois.
Le mast du grand hunier avec ses barres, chuquet & rouets............	4. de fonte.	4. de fonte.	4. de fonte.	2. de fonte.	2. de fonte.	2. de bois.	2. de bois.
La vergue avec son racage & poulies...	idem.	idem.	idem.	idem.	idem.	idem.	idem.
Poulies de guinderesse garnies de rouets............	2. de fonte	2. de fonte.	2. de fonte	2. de fonte.	1. de fonte.	1. de bois.	1. de bois.
Poulies d'itaque & fausse itaque, garnies de rouets.....	2. de fonte.	2. de fonte.	2. de fonte.	2. de bois.	2. de bois.	2. de bois.	2. de bois.
Le mast du grand perroquet, avec ses barres & chuquet...	idem.	idem.	idem.	idem.	idem.	idem.	idem.

	I. Rang.	II. Rang.	III Rang.	IV. Rang.	V. Rang.	Flutes.	Brulots.
La vergue & racage..	idem.	idem.	idem.	idem.	idem.	idem.	idem.
La vergue de giroue-te de fer; avec sa pomme de bois do-ré.............	idem.	idem.	idem.	idem.	idem.	idem.	idem.
Le maft d'avant avec fa hune, barres & chuquet..........	idem.	idem.	idem.	idem.	idem.	idem.	idem.
Aubans de chaque cô-té..............	8.	8.	7.	6.	5.	5.	5.
L'eftay & fes poulies.	idem.	idem.	idem.	idem.	idem.	idem.	idem.
La vergue avec fon racage, poulies & cercle de boute-hors.............	idem.	idem.	idem.	idem.	idem.	idem.	idem.
Pandours & leurs pou-lies.............	4.	4.	4.	4.	4.	2.	2.
Le maft du petit hu-nier, avec les bar-res, chuquet & rouets...........	4. de fonte.	4. de fonte.	2. de fonte.	2. de fonte.	2. de fonte	2. de bois.	2. de bois.
La vergue avec fon râ-cage & poulies.....	idem.	idem.	idem.	idem.	idem.	idem.	idem.
Poulies de guinde-relles garnies de rouets...........	2. de fonte.	2. de fonte.	2. de fonte.	2. de fonte.	1. de fonte.	1. de bois.	1. de bois
Poulies d'itaque & fauffe itaque, gar-nies de rouets......	2. de fonte.	2. de fonte.	2. de bois.				
Le maft du petit per-roquet avec fes bar-res & chuquet.....	idem.	idem.	idem.	idem.	idem.	idem.	idem.
La vergue & racage..	idem.	idem.	idem.	idem.	idem.	idem.	idem.
La vergue de giroue-te de fer, avec fa pomme dorée.....	idem.	idem.	idem.	idem.	idem.	idem.	idem.
Le maft de beaupré avec fa hune, barre & chuquet.......	idem.	idem.	idem.	idem.	{ idem. { fans hune	idem.	idem.
La vergue & poulies..	idem.	idem.	idem.	idem.	idem.	idem.	idem.
Le maft du perroquet avec les barres & chuquet..........	idem.	idem.	idem.	idem.	idem.	idem.	idem.
La vergue & racage..	idem.	idem.	idem.	idem.	idem.	idem.	idem.
Funins de l'artimon.							
La driffe.........	1.	1.	1.	1.	1.	1	1

L'efcou..

	I. Rang.	II. Rang.	III. Rang.	IV Rang.	V. Rang.	Flutes.	Brulots.
L'escoute	1	1	1	1	1	1	1
Les cargues	8	8	6	6	6	6	6
La drisse	1	1	1	1	1	1	1
Les ourses	2	2	2	2	2	2	2
Les palanquins .	2	2	2	2	2	2	2
Le palans d'amure	1	1	1	1	1	1	1
Le martinet	1	1	1	1	1	1	1
La garniture de la ver-gue de fougue . .	idem.	idem.	idem.	idem.	idem.	idem.	idem.
La garniture du perro-quet de fougue . .	idem.	idem.	idem.	idem.	idem.	idem.	idem.
La drisse pour l'enfei-gne de poupe . . .	idem.	idem.	idem.	idem.	idem.	idem.	idem.
FUNINS du grand mât.							
La drisse	1	1	1	1	1	1	1
L'itague	1	1	1	1	1	1	1
Les escoutes . . .	2	2	2	2	2	2	8
Les escouets . . .	2	2	2	2	2	2	2
Les boulines . . .	2	2	2	2	2	2	2
Les bras	2	2	2	2	2	2	2
Les balancines . . .	2	2	2	2	2	2	2
Les carguepoins . .	2	2	2	2	2	2	2
Les carguefons . . .	2	2	2	2	2	2	2
Les cargueboulines .	2	2	2	2	2	2	2
Le palan d'amure . .	1	1	1	1	1	1	1
Le carguebas . . .	1	1	1	1	1	1	1
Caliornes	2	2	2	2	2	2	2
Grands palans . . .	2	2	2	2	2	2	2
Pantoquieres	idem.	idem.	idem.	idem.	idem.	idem.	idem.
Palans d'estay . . .	1	1	1	1	1	1	1
Bredindin	1	1	1	1	1	1	1
FUNINS du grand hunier.							
Les aubans	12	12	10	8	8	8	8
Les gallobans . . .	6	6	6	4	4	4	2
L'estay & fon palan .	1	1	1	1	1	1	1
La guinderesse . . .	1	1	1	1	1	1	1
La drisse	1	1	1	1	1	1	1
L'itague	1	1	1	1	1	1	1
La fausse itague . .	1	1	1	1	1	1	1
Les escoutes . . .	2	2	2	2	2	2	2

	I. Rang.	II. Rang.	III. Rang.	IV. Rang.	V. Rang.	Flutes.	Brulots.
Les boulines . . .	2	2	2	2	2	2	2
Les bras	2	2	2	2	2	2	2
Les balancines . . .	2	2	2	2	2	2	2
Les carguepoins . .	2	2	2	2	2	2	2
Les carquefons . . .	2	2	2	2	2	2	2
Les contrefanons . .	2	2	2	2	2		2
Les palanquins . . .	2	2	2	2	2	2	2
La garniture du grand perroquet	idem.	idem.	idem.	idem.	idem.	idem.	idem.

FUNINS
du mât d'avant.

	I. Rang.	II. Rang.	III. Rang.	IV. Rang.	V. Rang.	Flutes.	Brulots.
La driſſe	1	1	1	1	1	1	1
Les eſcoutes	2	2	2	2	2	2	2
Les eſcouets	2	2	2	2	2	2	2
Les boulines	2	2	2	2	2	2	2
Les bras	2	2	2	2	2	2	2
Les balancines . . .	2	2	2	2	2	2	2
Les carguepoins . .	2	2	2	2	2	2	2
Les carguefons . . .	2	2	2	2	2	2	2
Les cargueboulines .	2	2	2	2	2	2	2
Les carquebas . . .	1	1	1	1	1	1	1
Le breſſin	1	1	1	1	1	1	1
Caliornes	2	2	2	2	2	2	2
Palans de candelet-tes	2	2	2	2	2	2	2
Pantoquieres	idem.	idem.	idem.	idem.	idem.	idem.	idem.

FUNINS
du petit hunier.

	I. Rang.	II. Rang.	III. Rang.	IV. Rang.	V. Rang.	Flutes.	Brulots.
Les aubans	10	10	8	8	6	6	6
Les galaubans . . .	4	4	4	2	2	2	2
L'eſtay	1	1	1	1	1	1	1
La guindcreſſe . . .	1	1	1	1	1	1	1
La driſſe	1	1	1	1	1	1	1
L'itague	1	1	1	1	1	1	1
La fauſſe itague . .	1						
Les eſcoutes	2	2	2	2	2	2	2
Les boulines	2	2	2	2	2	2	2
Les bras	2	2	2	2	2	2	2
Les balancines . . .	2	2	2	2	2	2	2
Les carguepoins . .	2	2	2	2	2	2	2
Les carguefons . . .	2	2	2	2	2	2	2
Les contrefanons . .	2	2	2	2	2	2	2

	I. Rang.	II. Rang.	III. Rang.	IV. Rang.	V. Rang.	Flutes.	Brulots.
Les palanquins . . .	2	2	2	2	2	2	2
La garniture du petit perroquet	idem.	idem.	idem.	idem.	idem.	idem.	idem.
FUNINS *de beaupré.*							
Les efcoutes	2	2	2	2	2	2	2
Les dormans	2	2	2	2	2	2	2
La driffe	1	1	1	1	1	1	1
L'itague	1	1	1	1	1	1	1
Les bras	2	2	2	2	2	2	2
Les balancines . . .	2	2	2	2	2	2	2
Les carguefons . . .	2	2	2	2	2	2	2
Les carguepoins . .	2	2	2	2	2	2	2
Les palanquins . . .	2	2	2	2	2	2	2
Le palan debout . .	1	1	1				
La garniture du perroquet de beaupré . .	idem.	idem.	idem.	idem.	idem.	idem.	idem.
La driffe de l'enfeigne de beaupré	idem.	idem.	idem.	idem.	idem.	idem.	idem.
Les manœuvres des voiles d'eftai & bonnettes en étui ou coutelas	idem.	idem.	idem.	idem.	idem.	idem.	idem.
Mâts, vergues, jumelles, &c. de rechange.							
Mât du grand hunier .	2 rouets de fonteàlatête.	2 rouets de fonte.	2 rouets de fonte.	1 rouet de fonte.	1 rouet de fonte.	1	1
Mât du petit hunier .	2	2	2	1			
Vergues de huniers .	2	2	2	2	1	1	1
Jumelles	4	3	3	3	3	2	2
Pompes	1	1	1				
Jats d'ancres . . .	2	1	1	1	1	1	1
Gouffet de gouvernail .	1	1	1	1	1	1	1
Manuelles	1	1	1	1	1	1	1
Arboutans ferrés . .	4	4	4	4	4	2	2
Boutehors pour les bonnettes en étui .	4	4	4	4	1	2	2
ANCRES *& leurs uftanciles*							
Grandes ancres . . . {	1 de 6000 l. 1 de 5500. 3 de 5000. 1 d'affourche de 4000	1 de 5500 l. 1 de 5000. 3 de 4500. 1 de 3500.	1 de 4500 l. 2 de 4000. 2 de 3500. 1 de 2500.	1 de 3000 l. 2 de 2500. 2 de 2200. 1 de 1800.	1 de 2500 l. 1 de 2000. 2 de 1800. 1 de 1200.	1 de 2500 l. 1 de 2000. 2 de 1800. 1 de 1200.	1 de 2000 l. 1 de 1800 1 de 1600. 1 de 1500. 1 de 1000.

	I. Rang.	II. Rang.	III. Rang.	IV. Rang.	V. Rang.	Flutes.	Brulots.
Ancres à touer	1 de 1800 l. 1 de 1400	1 de 1500 l. 1 de 1200	1 de 1200 l. 1 de 1000	1 de 1000 l. 1 de 800.	{ 1 de 700 l	1 de 700 l.	1 de 500 l.
Bosses	2 de 9 pouc.	2 de 8 p.	2 de 7 p.	2 de 6 p.	2 de 5 p. ½	idem.	2 de 5 p.
Serebosses	2 de 8 pouc	2 de 7 p	2 de 6 p. ½	2 de 6 p.	2 de 5 p.	idem.	1 de 4 p. ½
Garands de capons à 4 torons	2 de 6 pouc	2 de 5 p. ½	2 de 5 p.	2 de 4 p. ½	2 de 4 p.	idem.	2 de 3 p. ½
Orins	3 pieces de 7 pouces ½.	3 de 7 p	3 de 6 p.	2 de 5 p.	2 de 4 p. ½	1 de 4 p. ½	1 de 4 p.
Bouées de liege	4	4	4	4	3	3	3
Poulies de capon garnies	2 avec 4 rouets de fonte.	2 avec 4 rouets de fonte.	2 avec 4 rouets de fonte.	2 avec 4 rouets de fonte.	2 avec 4 rouets de fonte.	2 de fonte.	2 de fonte
Crocqs de capon à une branche	2	2	2	1	1	1	1

CABLES greslins & aussieres.

	I. Rang.	II. Rang.	III. Rang.	IV. Rang.	V. Rang.	Flutes.	Brulots.
Cables	3 de 22 p	3 de 21 p	2 de 19 p.	2 de 16 p	2 de 14 p	1 de 14 p	1 de 13 p
N. qu'on ne doit donner de cable d'affourche qu'en Ponat {	5 de 21 p	5 de 20 p	2 de 18 p.	2 de 15 p	2 de 13 p.	2 de 13 p.	2 de 12 p.
			3 de 17 p.	3 de 14 p	3 de 12 p.	2 de 12 p.	3 de 11 p.
	1 de 16 p.	1 de 15 p	1 de 14 p.	1 de 11 p	1 de 9 p.	1 de 9 p.	1 de 8 p
Greslins	2 de 11 p 2 de 10 p. ½	2 de 10 p. ½ 2 de 10 p	2 de 9 à 10 p. 2 de 8 à 9	{ 4 de 7 à 8 p	{ 1 de 7 p. 1 de 6 p. 1 de 5 p.	1 de 7 p. 1 de 6 p.	{ 2 de 5 à 6 p
Tornevires à quatre torons	2 de 60 brasses chacū & de 12 p	2 de 55 brasses & 11 p.	2 de 50 brasses & de 10 pouc. ½	2 de 42 brasses & de 9 pouces.	2 de 36 brasses & de 8 pouces.	2 de 40 brasses & de 7 pouces ½.	2 de 30 brasses & de 7 pouces.
Vieux cables pour fourrer	1	1	1	60 brasses.	50 brasses.	50 brasses.	50 brasses.

CORDAGE NEUF de rechange.

	I. Rang.	II. Rang.	III. Rang.	IV. Rang.	V. Rang.	Flutes.	Brulots.
Grande itague	1	1	1	1	1	1	1
Itague de mizaine	1	1	1	1	1	1	1
Grands escouets en queue de rat	2	1	1	1	1	1	1
Escouets de mizaine	2	2	2	2	2	—	2
Grandes escoutes en greslin à 4 torons	2	2	2	2	2	2	2
Escoutes de mizaine	2	2	2	2	2	—	2
Grandes drisses à 4 torons	1	1	1	1	1	1	1
Drisses de mizaine	1	1	1	1	1	—	1
Grande guinderesse à 4 torons	1	1	1	1	1	1	1

	I. Rang.	II. Rang.	III. Rang.	IV. Rang.	V. Rang.	Flutes.	Brulots.
Guinderesse de devant.	1	1	1	1	1		1
Escoutes de grand hunier en queue de rat	2	2	2	2	2	2	2
Escoutes de petit hunier	2	2	2	2	2		2
Itague de huniers, & fausse itague à 4 torons	2	2	2	2	2	2	2
Pieces pour aubans de huniers	1	1	1	1			
Francfunin pour embarquer le canon . .	1	1	1	1	1	1	
Surpante	1	1	1	1	1	1	
Pieces de 4. pouces ½.	3	3	2	2	2	1	
Pieces de 4. pouces .	3	3	2	2	2	1	1
Pieces de 3. pouces ½.	3	3	3	2	2	1	1
Pieces de 3. pouces .	4	4	4	3	3	1	1
Pieces de 2. pouces ½.	6	6	6	5	4	2	2
Pieces de 2. pouces .	6	6	6	5	5	2	2
Quaranteniers doubles	15	15	12	12	10	6	6
Quaranteniers simples	20	18	18	15	12	9	9
Lignes d'ammarrage.	36	36	30	24	20	12	12
Merlin & Luzin . .	100	100	80	60	50	30	30
Bistord	100	100	100	60	50	30	30
POULIES & *Caps de mouton de rechange.*							
Poulies de drisses . .	2. dont 1 avec 4 rouets de fonte.	1. avec 3 rouets de fonte.	1 avec 3 rouets de fonte.	1. avec 3 rouets de fonte.	1. avec 3 rouets de bois.	1. avec 3 rouets de bois.	1. avec 3 rouets de bois.
Poulies d'itague & fausse itague de huniers	2. avec un rouet de fonte chacune.	2. avec 2 rouets de fonte.	2. avec 2 rouets de fonte.	2. avec 2 rouets de bois.	1. avec 2 rouets de fer.	idem.	idem.
Poulies de guinderesse	2. dont 1 avec 1 rouet de fonte.	2. dont 1 avec 1 rouet de fonte.	2. dont 1 avec 1 rouet de fonte.	1. avec son rouet de fonte.	1 avec son rouet de fonte.	1 avec son rouet de bois.	1. avec son rouet de bois.
Poulies de capon . .	2. avec 2 rouets de fonte.	2. avec 2 rouets de fonte.	2. dont 1 avec 2 rouets de fonte.	2. dont 1 avec 2 rouets de fonte.	2. dont 1 avec 2 rouets de fonte	2. garnis de rouets de bois.	2. idem.

	I. Rang.	II. Rang.	III. Rang.	IV. Rang.	V. Rang.	Flutes.	Brulots.
Poulies de caliornes pour le canon . . .	{ 1 à 3 rouets de fonte. 1 à 2 rouets de fonte. }	idem.	idem.	idem.	idem.	idem.	—
Poulies de retour pour le canon	1. avec un rouet de fonte.	1. avec un rouet de fonte.	1. avec un rouet de fonte.	1. avec un rouet de fonte.	1. avec un rouet de fonte.	1. avec un rouet de fer.	—
Poulies de caliornes pour les chaloupes .	12	12	12	10	10	8	8
Poulies de bout de vergues	6	6	6	6	6	4	4
Grosses poulies simples, pour le retour .	12	12	12	10	8	6	6
Poulies coupées, pour boulines	2	2	2	2	2	1	1
Poulies doubles, de palans & palanquins .	12	12	12	10	8	6	6
Poulies simples de grands palans & candelettes	8	8	8	6	6	4	4
Poulies plates . . .	4	4	4	4	4	4	4
Poulies de balancines .	4	4	2	2	2	2	2
Poulies simples de toutes sortes	100	100	100	80	80	40	40
Rouets de poulies .	24	24	24	24	24	12	12
Caps de mouton de toutes sortes . . .	40	40	40	30	30	12	12
Moques de boulines .	12	12	12	8	8	6	6
Grands racages & de mizaine	2	1	1	1	1	1	1
Racages de huniers .	2	1	1	1	1	1	1
Racages de perroquets .	2	2	2	2	2	2	2
Pommes de racages .	36	36	36	30	30	12	12
Pommes de raques jougées	36	36	36	30	30	12	12
Bigots	18	12	12	10	8	4	4
Pommes de pavillons .	3	2	2	2	2	2	2
Pommes de girouettes .	3	3	3	3	3	3	3
Pommes de flammes .	6	4	4	4	4	4	4
Chevillots	100	100	80	60	50	36	36
Rouets de fonte . .	4	4	4	2	2		
Buches d'euze ou de buys pour essieux de poulies	4	3	3	2	2	2	2

VOILES.

	I. Rang.	II. Rang.	III. Rang.	IV. Rang.	V. Rang.	Flutes.	Brulots.
Artimon	2	2	2	2	2	2	2
Grandes voiles	2	2	2	2	2	1	2
Mizaines	2	2	2	2	2	2	2
Grands huniers	2	2	2	2	2	2	2
Petits huniers	2	2	2	2	2	1	2
Civadieres	2	2	2	2	2	1	1
Bonnettes basses	3. pour l'artimon grand voile & mizaine.	3	3	3	3	3	3
Perroquets	4	4	4	4	4	4	4
Voiles d'estay	4	4	4	4	4	4	4
Bonnettes en estuy	4	4	4	4	4	2	2
Prélas	5	5	5	4	4	3	3
Toile noyale	200. aunes.	150. aunes.	100. aunes.	80. aunes.	60. aunes.	40. aunes.	40. aunes
Toile meslis	50. aunes.	40. aunes.	35. aunes.	25. aunes.	15. aunes.	15. aunes.	15. aunes
Fil de voile	60. l.	50. l.	40. l.	30. l.	25. l.	20. l.	12. l.
Aiguilles de voile	60.	48.	48.	36.	30.	24.	24.
Vieilles voiles pour fourures	800. aunes.	700. aunes.	600. aunes.	500. aunes.	300. aunes.	200. aunes.	200. aunes.

USTENCILS du Pilote.

	I. Rang.	II. Rang.	III. Rang.	IV. Rang.	V. Rang.	Flutes.	Brulots.
Compas de route	12	12	10	8	8	6	6
Compas de variation	2	2	2	1	1		
Volets	3	3	3	2	1	1	1
Horloge de quart	1	1	1	1	1	1	1
Horloge de demie heure	18	15	15	12	12	8	8
Lignes à sonder	6	5	5	4	4	4	4
Plombs à sonder	5	5	4	4	4	4	4
Lampes d'habitacles	3	2	2	2	2	1	1
Huilliers	2	2	2	2	2	1	1
Pavois	250. aunes.	200. aunes.	180. aunes.	150. aunes.	120. aunes.		
Enseignes de poupe	2	2	2	2	2	2	2
Pavillons de beaupré	2	2	2	2	2	2	2
Grandes flâmes	3	3	3	3	3	3	3
Flâmes de signal	2	2	1	1	1		
Cornettes ou pavillons	3						
Girouettes	6	6	6	6	6	6	6
Pieces d'estamine	2. ou la valeur en toile.	1	1	1	1		
Fil pour pavillon	$\frac{1}{2}$ l.	$\frac{1}{2}$ l.	$\frac{1}{3}$ l.	$\frac{1}{3}$ l.	$\frac{1}{4}$ l.	$\frac{1}{4}$ l.	$\frac{1}{4}$ l.
Aiguilles	12	12	12	12	12	6	6

	I. Rang.	II. Rang.	III. Rang.	IV. Rang.	V. Rang.	Flutes.	Brulots.
Lignes pour driffes de pavillons	2	2	1	1	1	1	1
Fanaux de fignal . .	8	6	6	6	4	3	3
Cloches	2	2	2	1	1	1	1
Chandelle de cire pour fanaux	200.l.	50.l.	50.l.	30.l.	30.l.		
C A N O N S & leurs uftencils. F O N T E.							
de . . .36.l. . .	28						
de . . .24.l. . .		12	6				
de . . .18.l. . .	26			4			
de . . .12.l. . .	24	14	14				
de . . . 8.l. . .				8	6		
de . . . 6.l. . .	22	22	10		6		
de . . . 4.l. . .		6		4			
F E R.							
de . . .18.l. . .		14	16				
de . . .12.l. . .		12	10	15		4	
de . . . 8.l. . .				12	12		
de . . . 6.l. . .						14	6
de . . . 4.l. . .			4		12		
Affufts garnis . . .	100	80	60	44	36	18	6
Affufts de rechange .	6	5	4	3	2		
Rouets d'affufts . .	60	50	40	24	18	6	6
Effieux d'affufts . . .	12	10	8	6	4	2	1
Pierriers de fonte . .	6	4	4	4	4		
Boettes de pierriers de fonte	12	8	8	8	8		
Pierriers de fer . . .						2	2
Boettes de pierriers de fer						4	4
Clefs de pierriers . .	8	6	6	6	4	3	3
Poudre à canon à foixante coups par canon aux vaiffeaux de guerre & trente coups aux flutes & brulots . . . . Poudre à moufquet.	49600.l.	2323.l.	26580.l.	15723.l.	8796.l.	2350.l.	670.l.
BOULETS RONDS.							
de . . .36.l. . .	1680.						
de . . .24.l. . .	600.	720.	260.				

de

	I. Rang.	II. Rang.	III. Rang	IV. Rang.	V. Rang.	Flutes.	Brulots.
de . . . .18.l. . .	1560	840	960	240			
de . . . .12.l. . .	1440	1500	1440	960	200	120	
de . . . 8.l. . .	1100		500	1200	1800		
de . . . 6.l. . .	880	880	400	500	360	420	180
de . . . 4.l. . .	200	240	160	240	720		
de . . . 1.l. . .	1000	800	600	400	300		
Boulets à deux têtes .	500	460	300	250	200	100	30
Boulets à chaîne . .	300	240	200	150	100		
Paquets de fer . . .	400	300	200	160	120	80	
Chaînes d'une brasse de long	50	40	40	30	20		
Mêche	2000	1500	1000	800	600	200	200
Palans à canons . .	230	190	144	110	90	40	15
Bragues	120	100	75	54	40	22	8
Aiguillettes	60	60	50	40	30	10	
Couffins	125	100	75	55	40	22	8
Coins de mire . . .	250	200	150	110	90	36	12
Platines de lumiere .	100	80	60	44	36	18	6
Pinces de fer . . .	100	80	60	44	36	18	6
Anspects, dont moitié de ferrez	100	80	60	44	36	18	6
Cuillieres garnies . .	18	18	12	10	10	4	4
Tirebourres non garnis	12	10	8	6	4	1	1
Refouloirs de bois .	100	80	60	44	36	12	4
Parchemins	300. douz.	250. douz.	200. douz.	150. douz.	100. douz.	20. douz.	10. douz.
Fil à gargousses . .	9.l.	7.l.½	6.l.	4.l.½	3.l.	½.l.	½.l.
Aiguilles à gargousses	100	100	72	60	60	24	12
Balances	1. paire.	1. paire.	1. paire.	1. paire.	1. p.ie..	1. paire.	1. paire.
Poids de plomb . .	16.l.	16.l.	12.l.	12.l.	12.l.	6.l.	6.l.
Portegargousses . . .	150	120	90	66	54	26	10
Amorces de fer blanc .	100	80	60	44	36	18	6
Boutefeux	100	80	60	44	36	12	6
Cricqs	3	2	2	2	2	1	1
Barils à bource . . .	3	3	2	2	1	1	1
Cuirs verts pour soutes	10	10	8	6	4	3	3
Liege	60	50	40	30	20	6	6
Blanc d'Espagne . .	25	20.l.	16	12.l.	10.l	3.l.	2
Savon mol	200.l.	150.l.	100.	80.l.	60.l.		
Suif	50	50.l.	40.l.	40.l.	30.l.	15.l.	10
Barils de noir . . .	12	10	8	6	6	2	2
Plomb en table . .	200.l	200.l.	150.l.	100	100	40.l.	25.l.

	I. Rang.	II. Rang.	III Rang.	IV. Rang.	V. Rang.	Flutes.	Brulots.
Vieille voile pour servir à remplir les gargousses	36 aunes.	36 aunes.	30 aunes.	24 aunes.	20 aunes.	12 aunes.	12 aunes.
Fanaux de soutes & de combat	15	15	15	12	12	4	2
Lanternes claires	12	10	8	6	6	4	4
Lanternes sourdes	4	3	3	2	2	1	1
Lampions	6	5	4	3	3	3	3
Mesures à poudre couvertes	10	10	8	6	6		
Mesures à poudre	4	3	3	2	2	2	2
Entonnoirs à poudre	4	3	3	2	2	1	1
Huillieres	2	2	2	2	2	1	1
Coton filé	1.l.	1.l.	1.l.	1.l.	1.l.	$\frac{1}{2}$l.	$\frac{1}{2}$l.
Bâtons de refouloirs	18	15	12	10	6	2	2
Boutons de refouloirs	18	15	12	10	6	2	2
Boutons d'escouvillons	18	15	12	10	6	2	2
Peaux en laine	36	30	24	18	12	4	4
Clouds pour escouvillons	1000	1000	800	600	500	200	200
Marteaux pour escouvillons	2	1	1	1	1	1	1
Clouds pour parquets	600	500	500	400	300	150	150
Cordage neuf	6 pieces.	6 pieces.	5 pieces.	4 pieces.	3 pieces.	2 pieces.	2 pieces.
Lignes	12	10	8	6	5	2	2
Merlin & luzin	25.l.	20	15	15	10	6	6
Cordage refait	6 pieces.	4	4	3	3	1	1
Fil de voile	4.l.	3.l.	3.l.	2.l.	2	2	2
Aiguilles de voile	12	10	8	6	6	6	6
Poulies doubles	36	30	24	18	18	6	6
Poulies simples	36	30	24	18	18	6	6
Fil d'archal	3.l.	2.l.	2.l.	1.l.$\frac{1}{2}$	1.l.	$\frac{1}{2}$l.	$\frac{1}{2}$l.
Grenades	200	200	200	100	100	30	30
Tuyaux de grenades	80	70	60	50	40	12	12
Pots à feux	24	18	12	12	12	10	10
Huile de noix	15 pintes.	12	10	8	6	1	2
Soulphre	25.l.	25.l.	25.l.	15.l.	15.l.		
Selpestre	2.l.	2.l.	2.l.	1.l.	1.l.		
Chevrons de 4 pieds	30	20	20	12	12	6	6
Brosses à peindre	3	2	2	2	2	1	1
Cadenats pour soutes	6	6	4	4	4	2	2
Barres d'escoutilles	4	4	4	4	4	2	2
Haches ou hachots	2	2	2	2	2	1	1

	I. Rang.	II. Rang.	III. Rang.	IV. Rang.	V. Rang.	Flutes.	Brulots.
Marteaux à dents . .	2	2	2	2	2	1	1
Crocs de palans . .	24	24	18	15	12	6	6
Epiceoirs	10	8	6	6	4	3	3
Plates bandes d'affuſts.	12	12	8	8	6	4	2
Eſſes d'affuſts . . .	60	50	40	30	24	8	4
Chevilles à œillets d'affuſts	24	18	16	12	10	6	4
Grandes Chevilles d'affuſts	18	15	10	8	6	4	2
Pentures de ſabords .	12	12	8	8	6	4	2
Gonds de ſabords . .	24	18	16	12	10	4	2
Anneaux de ſabords .	12	12	8	8	6	4	2
Chevilles à boucles pour le bord . . .	24	18	16	12	10	4	2
Chevilles à crocqs .	24	18	16	12	10	4	2
Coſſes	80	70	60	50	40	20	12
Crampes	60	40	30	24	18	12	8
Virolles	150	130	120	90	70	10	6
Goupilles	150	130	120	90	70	12	8
A R M E S.							
Mouſquets	140	130	105	90	70		
Fuſils	60	50	45	30	20	12	12
Mouſquetons . . .	70	60	50	44	36	12	12
Piſtolets	70	60	50	44	36	15	15
Gargouſſieres . . .	300	250	200	160	120	24	24
Balles de plomb . .	1500.l.	1100.l.	900.l.	700.l.	500	30	30
Coutelas	70	60	50	44	36	12	12
Haches d'armes . .	70	60	50	44	36	12	12
Pertuiſanes	30	24	18	14	10		
Hallebardes	6	5	4	3	2		
Piques	70	60	50	44	36		
Demi-piques ou eſpontons	70	60	50	44	36	18	18
Pierres à piſtolets . .	1000	800	700	600	400	50	50
Baguettes de fer . .	4	3	3	3	2	1	1
Baguettes de bois . .	100	100	80	60	50	24	24
Fil de fer	2.l.	2.l.	1.l.	1.l.	1	$\frac{1}{2}$l.	$\frac{1}{2}$l.
Crochets pour les armes	300	250	200	160	120	60	60
Caiſſes pour tambour .	2	2	2	2	2	1	1
Coffre de l'Armurier.							
Bigornes	1	1	1	1	1		
Eſtocqs	1	1	1	1	1		
Tenailles à viſſes . .	2	1	1	1	1		
Tenailles ſans viſſes .	1	1	1	1	1		
Filiere garnie de raraux	1	1	1	1	1		

	I. Rang.	II. Rang.	III. Rang.	IV. Rang.	V. Rang.	Flutes.	Brulots.
Boette à forets garnie.	1	1	1	1	1		
Corneviffes	3	2	2	2	1		
Cizeaux à froid . .	3	2	2	2	1		
Racloirs en dehors .	3	2	2	2	1		
Rapes	2	1	1	1	1		
Burins	2	2	1	1	1		
Becs d'afnes	1	1	1	1	1		
Cizeaux en bois . .	2	1	1	1	1		
Goujes	2	1	1	1	1		
Cordes de boyaux .	2 pacquets.	1	1	1	1		
Huile d'olives . . .	12.l.	10.l.	8.l.	6.l.	4.l.		
Limes afforties . . .	18	12	12	12	12		
Marteaux	2	2	2	2	2		
Poinçons	3	2	2	2	2		
Tourne à gauche . .	1	1	1	1	1		
Uftencils du Maiftre.							
Goldron	12 barils.	10	8	6	4	3	2
Broffes à goldronner .	18	12	12	8	8	4	4
Chaudiere à goldron .	1	1	1	1	1	1	1
Suif	860.l.	750.l.	640.l.	550.l.	525.l.	150.l.	150
Efcoupes à laver les vaiffeaux	3	3	2	2	2	2	2
Seilleaux de cuir . .	18	12	12	10	6	4	4
Seilleaux de bois . .	36	30	24	18	18	12	12
Peaux de vaches . .	5	5	4	4	3	2	2
Peaux en laine . . .	18	18	18	12	8	4	4
Barils de noir . . .	24	24	18	12	12	6	6
Huillieres	1	1	1	1	1	1	1
Lampes carrées . .	2	2	2	1	1	1	1
Racles	72	72	60	50	40	18	18
Haches	48	48	36	30	24	12	12
Epiceoirs	36	36	30	24	18	12	12
Grapins d'abordage .	2	2	2	2	2		1
Grapins à main . .	3	2	2	2	2		2
Crocqs de candelettes	2	2	2	1	1	1	1
Crocqs de palans . .	15	15	15	12	12	6	6
Crocqs de palanquins.	15	15	15	12	12	6	6
Grandes crampes . .	48	48	48	36	36	8	8
Crampes de vergues .	48	48	48	36	36		
Coffes	60	60	60	50	58	24	24
Balais	10. douzain.	8. douzaine.	5. douzaine	6 douzaine	5. douzaine	3. douzaine.	3. douzaine.
Uftencils du Charpentier & Calfat.							
Bordages	3. de 2. à 4. pouces.	3, idem.	3, idem.	2. de 2. à 3. pouces.	2. idem.	1. idem.	2. idem.
Planches de pruffe .	3	2	2	1	1	1	1

	I. Rang.	II. Rang.	III. Rang.	IV. Rang.	V. Rang.	Flutes.	Brulots.
Planches de fap . .	100	80	60	40	30	12	12
Planches reffiées . .	40	36	30	24	18	12	12
Chevrons	24	20	18	15	10	6	6
Efparres	36	36	24	24	18	10	10
Barres de cabeftans .	24	24	24	12	10	6	6
Tapons d'ecubiers .	4	4	4	4	2	2	2
Pierres à meule . .	3	3	3	3	2	1	1
Bray noir	8. quintaux.	7. quintaux.	6. quintaux.	5. quintaux.	4. quintaux.	3. quintaux.	2. quintaux.
Pots à bray	2	1	1	1	1	1	1
Cuilliers à bray . .	2	1	1	1	1	1	1
Eftoupe	600. l.	600. l.	500. l.	400. l.	300. l.	200. l.	200. l.
Frize pour fabords .	40. aunes.	30. aunes.	25. aunes.	15. aunes.	12. aunes.	6. aunes.	6. aunes.
Pennes	12. l. ou 18 peaux de mouton.	10. l. ou 15. peaux.	10. l. ou 12. peaux.	8. l. ou 12. peaux.	6. l. ou 10. peaux.	4. l. ou 10. peaux.	4. l. ou 8. peaux.
Plomb en table . .	400. l.	300. l.	250. l.	200. l.	150. l.	100. l.	100
Maugeres de cuir . .	60	48	48	36	30	24	24
Maffes	8	6	5	4	3	2	2
Marteaux à dents . .	8	7	6	4	4	3	3
Cifeaux à froid . .	6	6	6	4	4	3	3
Repouffoirs	6	6	6	4	4	3	3
Tirebords	2	2	2	1	1	1	1
Chaînes d'aubans . .	12	10	10	8	6	6	6
Gambes de hune . .	12	12	12	10	8	6	6
Chevilles d'aubans .	12	10	10	8	6	6	6
Chevilles & goujons pour précintes, courbes, &c.	36	30	30	24	18	6	6
Chevilles à boucles pour les ponts . .	12	12	10	8	6	4	4
Chevilles de bittes .	3	2	2	2	2	2	2
Verges de girouettes .	4	4	4	3	3	3	3
Coins à ouvrir les joints	8	6	5	4	3	3	3
Anneaux à fiche pour panneaux	18	12	12	10	8	4	4
Cercles de cabeftans .	2	2	2	1	1	1	1
Fers d'arboutans . .	4	4	4	4	4	2	2
Virolles	100	90	80	60	50	30	30
Goupilles	100	90	80	60	50	30	30
Crampes	48	48	48	36	36	24	24
Gabarit de gouvernail.	1	1	1	1	1	1	1
Uftencils de pompe.							
Verges de fer . . .	12	12	10	8	6	3	3
Heutes	5	15	12	10	10	6	6
Chopines	18	18	15	12	12	6	6
Crocus		2	2	2	2	2	2

	I. Rang.	II. Rang.	III. Rang.	IV. Rang.	V. Rang.	Flutes.	Brulots.
Rouannes	2	2	1	1	1	1	1
Marteaux	2	2	2	1	1	1	1
Chevilles	18	18	18	12	12	6	6
Jouets	24	24	18	18	14	8	8
Cercles	2	2	2	1	1	1	1
Bringballes	3	3	2	2	2	2	2
Potences	3	3	2	2	2	2	2
Echinées de cuir fort	3	3	2	1. $\frac{1}{2}$	1. $\frac{1}{2}$	1	1
CLOUTERIE.							
Clouds au poids	150. l.	100. l.	80. l.	60. l.	50. l.	40. l.	40. l.
Double caravelle	1500	1200	800	600	500	150	150
Caravelle	2500	2000	1500	1200	800	500	500
Demi - caravelle	3000	2500	2000	1500	1200	600	600
Lisse	3500	3000	2500	2000	1500	800	800
Double tillac	4000	3500	3000	2500	2000	1000	1000
Tillac	4000	3500	3000	2500	2000	1000	1000
Demi-tillac	4000	3500	3000	2500	2000	1200	1200
De plomb	8000	6500	6500	5000	5000	2000	2000
De maugere	7000	7000	6000	5000	5000	2000	2000
De pompe	10000	10000	9000	8000	7500	3000	3000
De sabords	500	400	300	250	200	50	50
USTENCILS du fond de cale.							
Tonnes de 4. 3. & 2. barriques pour six mois de vin & 2 $\frac{1}{2}$ mois d'eau, la valeur de	800. bariq.	580. bariq.	380. bariq.	260. bariq	160. bariq	60. bariq.	50. bariq.
Barriques	48	40	36	30	24	18	18
Barils à eau	40	36	30	24	18	18	18
Manches à eau	2	2	2	2	2	1	1
Liege	20. l.	15. l.	12. l.	10. l.	8. l.	8. l.	8. l.
Lanternes claires	24	24	20	16	12	8	8
Lampions	12	12	10	8	6	6	6
Huille de poisson	1. barique $\frac{1}{2}$	1. barique.	1. barique.	1. barique.	$\frac{2}{3}$. de bariq.	$\frac{1}{2}$. barique.	$\frac{1}{2}$. barique.
Coton filé	2 l. $\frac{1}{2}$	2. l.	2. l.	2. l.	1 l. $\frac{1}{2}$	1. l.	1. l.
Chandelles de suif	900. l.	750. l.	600. l.	500. l.	300. l.	200. l.	200. l.
Pelles ferrées	12	12	12	6	6	4	4
Pelles de bois	12	12	12	12	12	8	8
Picqs	2	2	2	2	2	2	2
Mannes	30	30	30	24	24	18	18
Fer blanc	24. feuilles.	14. feuilles.	24. feuilles.	12. feuilles.	12. feuilles.	6. feuilles.	6. feuilles.
Fer noir	24. feuilles.	24. feuilles.	24. feuilles.	12. feuilles	12. feuilles		
Barres de fer pour prisonniers & leurs cadenats	3	2	2	1	1	1	1

	I. Rang.	II. Rang.	III. Rang.	IV. Rang.	V. Rang.	Flutes.	Brulots.
CUISINE.							
Grandes chaudieres .	2	2	2	2	2	1	1
Cuilliers	2	2	2	2	2	1	1
Ecumoirs	2	2	2	2	2	1	1
Crocqs pour chaudieres	2	2	2	2	2	1	1
Chaînes pour saisir les chaudieres	2	2	2	1	1	1	1
Chaudieres pour les malades	2	2	1	1	1		
Poeslons	1	1	1	1	1		
Coquemars	1	1	1	1	1		
Cuilliers	1	1	1	1	1		
Ecumoirs	1	1	1	1	1		
Rechaux	1	1	1	1	1		
CHALOUPES *garnies de leurs gouvernail & rouets.*							
Chaloupes	3	2	2	2	2	2	2
Masts	4	3	3	3	3	3	3
Vergues	4	3	3	3	3	3	3
Voiles & trinquettes .	4	3	3	3	3	3	3
Bâtons de pavillons .	3	2	2	2	2	2	2
Pavillons	3	2	2	2	2	1	1
Girouettes	4	3	3	3	3	3	3
Grapins	4	3	3	3	3	3	3
Chandeliers	6	4	4	4	4	4	4
Verg s de girouettes .	4	3	3	3	3	3	3
Ferrures de gouvernail	4	3	3	3	2	2	2
Gaffes	10	8	8	8	6	4	4.
Avirons	72	60	50	44	30	30	30
Escoups	12	10	10	10	10	6	6
Cordage pour amarrer derriere le vaisseau 2. amarres	{ 60. brasses de 8 pouces	60. brasses. idem.	60. brasses. idem.	50. brasses de 7. p. ½.	50. brasses de 6. p. ½.	50. brasses idem.	50. brasses idem.
Cordage pour cableau	1. piece de 4. pouces.	1. piece de 4. pouces.	1. piece de 4. pouces.	1. piece de 3. pouc. ½	40. brasses de 3. p. ½	40. brasses idem.	40. brasses idem.
Gordage pour garniture	2. pieces de 2. p. ½ à 2. p.	1. piece de 2. pouces.	1. piece de 2. pouces.	1. piece de 2. pouces.	1. piece d'un pouce ½.	1. piece d'un pouce ½.	1. piece d'un pouce ½.
Quaranteniers . . .	2. doubles. 1. simple.	1. double. 1. simple.	1. double. 1. simple.	1. double. 1. simple.	1. simple.	1. simple.	1. simple.
Lignes d'amarrage .	3	2	2	2	2	2	2
Merlin & Luzin . .	6	4	4	4	2	2	2
Bitord	40.l.	30.l.	30.l.	30.l.	20.l.	20.l.	20.l.
Poulies simples . . .	16	12	12	12	12	12	12
Caps de mouton . .	24	20	20	20	12	12	12
Crampes	18	12	12	12	12	8	8

	I. Rang.	II. Rang.	III. Rang.	IV. Rang.	V. Rang.	Flutes.	Brulots.
Petits crocqs . . .	12	6	6	6	6	6	6
Haches marteaux . .	6	4	4	4	4	2	2
Épiſſoirs	6	4	4	4	4	4	4
Racambaux	6	4	4	4	4	2	2
Ornemens de Chapelle.							
Calice d'argent, ſa patene, coeffe & étuy .	1	1	1	1	1		
Ciboire d'argent & ſon étuy	1	1	1	1	1		
Pierre beniſte . . .	1	1	1	1	1		
Crucifix	1	1	1	1	1		
Chandeliers	2	2	2	2	2		
Burettes	2	2	2	2	2		
Baſſins	1	1	1	1	1		
Boette aux SS. huiles.	1	1	1	1	1		
Beniſtier	1	1	1	1	1		
Meſſel	1	1	1	1	1		
Rituel	1	1	1	1	1		
Canon	1	1	1	1	1		
Evangile	1	1	1	1	1		
Lavabo	1	1	1	1	1		
Corporailliers . . .	2	2	2	2	2		
alle	1	1	1	1	1		
Purificatoires . . .	3	3	3	3	3		
Bource	1	1	1	1	1		
Voile	1	1	1	1	1		
Amits	2	2	2	2	2		
Aubes	2	2	2	2	2		
Ceintures	2	2	2	2	2		
Manipule	1	1	1	1	1		
Etole	1	1	1	1	1		
Chaſuble	1	1	1	1	1		
Nappes	2	2	2	2	2		
Serviettes	3	3	3	3	3		
Devant d'Autel . .	1	1	1	1	1		
Surplis	1	1	1	1	1		
Bonnet carré . . .	1	1	1	1	1		
cuſſins	2	2	2	2	2		
Clochette	1	1	1	1	1		
Boette à hoſties . .	1	1	1	1	1		
Fanal	1	1	1	1	1		
Bougie	6.l.	6.l.	6.l.	6.l.	6.l.		
Matelats	48	30	24	18	12		
ouvertures	48	30	24	18	12		
Trave ſins	48	30	24	18	12		
Paires de draps . .	48	30	24	18	12		

F I N.